LICHTENBERG – CONNECTION

**Eine Ausstellung der Stadt Göttingen
zum 250. Geburtstag von Georg Christoph Lichtenberg**

Schirmherrschaft: Frau Prof. Dr. Rita Süßmuth

Gefördert durch die

STIFTUNG
NIEDERSÄCHSISCHER
VOLKSBANKEN UND RAIFFEISENBANKEN

ARKANA VERLAG

LICHTENBERG GRÄBT TIEFER ALS IRGENDEINER, ABER ER KOMMT NICHT WIEDER HINAUF. ER REDET UNTER DER ERDE. NUR WER SELBST TIEF GRÄBT, HÖRT IHN.

KARL KRAUS

Roland Beier

Grußwort

1992 jährt sich der Geburtstag Georg Christoph Lichtenbergs zum 250. Male. Anlaß genug, diesem berühmten und außergewöhnlichen Göttinger Mitbürger eine besondere Reverenz zu erweisen. Anknüpfungspunkte hierfür finden sich bei dem genialen Aphoristiker, Philosophen, Physiker, Erfinder und Mathematiker genügend. Seien es die herausragenden wissenschaftlichen Forschungen, wie etwa die physikalischen Grundlagen des heutigen Fotokopierers oder seine Himmelsforschungen, die auch heute noch einen Mondkrater seinen Namen tragen lassen.

Besonderer Beliebtheit erfreuen sich aber nach wie vor seine Aphorismen, die nahezu zeitlos in humoristischer und manchmal gerade beißender Schärfe auch die heutige Zeit zu charakterisieren scheinen. Ausgehend von dem Lichtenberg-Zitat

> Es gibt Leute, die glauben, alles wäre vernünftig,
> was man mit einem ernsthaften Gesicht tut,

freue ich mich besonders, daß die Stadt Göttingen eine ganze Reihe von namhaften Künstlern zu einer Ausstellung eingeladen hat, die nicht nur mit dem ernsten Gesicht, sondern mit Humor, Satire und vielleicht auch etwas Spott Lichtenberg und seine heutige Bedeutung interpretieren werden. Nachdem Lichtenberg einmal als Göttinger charakterisiert wurde, der nicht nur mit elektrischen Blitzen umgehen konnte, sondern auch die Geistesblitze beherrschte, bin ich auf die vielen sehr unterschiedlichen Geistesblitze zu seinen Ehren in dieser Ausstellung gespannt. Ich wünsche der Schau und den Lichtenberg-Veranstaltern eine möglichst große Verbreitung in Göttingen und darüber hinaus und danke allen Veranstaltern für den großen Einsatz und auch den Mut, den es erforderte, ein derartig umfangreiches und anspruchsvolles Programm im Rahmen der Feiern des 250. Geburtstages von Georg Christoph Lichtenberg anzubieten.

Rita Süssmuth, MdB

Dank Lichtenberg ...

Im allgemeinen interessiert ein Geburtstag nur dann, wenn:
1. der Jubilar noch frisch und munter erscheint,
2. die Nachgeborenen Grund haben, sich mit ihm zu beschäftigen.

Sind diese beiden Bedingungen nicht erfüllt, erschöpft sich die Auseinandersetzung mit dem Geburtstagskind in eloquenter Leichenschnüffelei und feuilletonistischer Beweihräucherung.

Georg Christoph Lichtenberg ist dem, der ihn zu lesen versteht, ein Lebendiger; ein ebenso wundervoll wie erschreckend aktueller Zeitgenosse mit kühlem Kopf und heißem Atem ...

Dank: Lichtenberg ...

Das Kulturamt der Stadt Göttingen lud zum Jubelfeste verschiedenste „Tiefgräber" (im Kraus'schen Sinne) ein. Sie entledigten sich nicht einer Aufgabe. Im Gegenteil: sie zeigten sich als Nachfahren und Adepten, wuselten zwischen Witz und Philosophisterei, zwischen schierem Blödsinn und wahrer Hingabe. Dies mit einer von den Veranstaltern nie erwarteten Quantität, die die Planung für Katalog und Ausstellung fast gesprengt hätte — nun muß „Herr Publikum" tatsächlich die Ausstellung besuchen, um sich das Bild machen zu können ... Das Bild wird zeigen: Quantität *und* Qualität.

Dank Lichtenberg!

Es fand sich das Freche zum Guten, das Naive zum Zerstörerischen, das Unverschämte zum Erfreulichen.

Dank somit allen außerordentlich engagierten Künstlern!

Ganz besonders den Herren Gernhardt, Rauch, Traxler, Beier für die zuverlässigen Anregungen, dem Herrn Bernstein dafür, daß er gleich ein ganzes Seminar in Rendsburg dem Lichtenberg widmete, den Kollegen im Kulturamt für das enorme Engagement, allen anderen Mitarbeitern für den Spaß, den sie an der erheblichen Arbeit hatten, der Niedersächsischen Stiftung der Volksbanken- und Raiffeisenbanken, die die Schau überhaupt erst ermöglichte, und Frau Prof. Dr. Süßmuth, die sich für das Gesamtprojekt einer Göttinger Lichtenberg-Würdigung stark gemacht hat.

Haben wir jemand vergessen?

Ach ja, Entschuldigung ...

Dank, lieber guter Lichtenberg —
ohne Dich wären wir alle erheblich ärmer ...

WP Fahrenberg

Die Künstler

Gunter Hansen, München
Klaus Schlosser, Stadtallendorf
Friedrich Karl Waechter, Frankfurt
Erich Rauschenbach, Berlin
Lothar Otto, Leipzig
Matthias Sodtke, Hannover
Manfred Hofmann, Berlin
Vladimir Rencin, Königsgrätz
Rudolf Wagner, Göttingen
Walter Hanel, Bergisch-Gladbach
Ernst Volland, Berlin
Christoph Gloor, Birsfelden
Rattelschneck, Hamburg
Helmut Vogl, Salzburg
Papan, Köln
Rudi Hurzlmeier, München
Carsten Hildebrandt, Göttingen
Horst Janssen, Hamburg
Erich Paulmichl, Augsburg
Ralf Alex Fichtner, Schwarzenberg
Loriot, Ammerland
Ironimus, Wien
Gruppe M, Berlin
Roland Beier, Neubrandenburg
Rotraut Susanne Berner, Heidelberg
Tomi Ungerer, Coleen Cork
Armin Gehret, Grönenbach
Sebastian Krüger, Salzhemmendorf
NEL, Erfurt
Beate Reul, Senden
Ernst Kahl, Hamburg
Andre Poloczek, Wuppertal

Alex Ziegler, Köln
Ulli Wenzel, München
F.W. Bernstein, Berlin
Peter Kruse, Stade
Robert Gernhardt, Frankfurt
Steffen Haas, München
Horst G. Johansson, Borstel-Hohenraden
Tom Breitenfeldt, Oldenburg
Stefan Böhler, Rendsburg
Peter Neuhaus, Menden
Christoph Gremmer, München
Wilfried Asmussen, Völklingen
Ari Plikat, Dortmund
Joseph W. Huber, Berlin
Hans-Georg Rauch, Worpswede
Matthias Schwoerer, Neuhausen
Rainer Hachfeld, Berlin
Heribert Lenz, Frankfurt
NICO, Berlin
Achim Greser, Frankfurt
Rainer Schade, Leipzig
Frank-Norbert Beyer, Berlin
Rainer Ehrt, Kleinmachnow
Luis Murschetz, München
Hans Traxler, Frankfurt
Till Mette, Bremen
Rainer Schwalme, Berlin
Barbara Henniger, Strausberg
Eberhard Dietzsch, Gera
Lutz Hirschmann, Leipzig
Peter Neugebauer, Hamburg
Manfred Bofinger, Berlin

Loriot

ROBERT GERNHARDT
TROST BEI LICHTENBERG

Ein Vortrag zum Jubiläum

Wer über Georg Christoph Lichtenberg spricht, wird es kaum vermeiden können, zugleich über sich zu reden. Das hat einmal mit dem Werk Lichtenbergs zu tun, dann mit seiner Person und schließlich mit seinen Lesern.

Werk — das meint für mich wie für die meisten anderen Lichtenberg-Leser vor allem jene Sudelbücher, die ihn etwa fünfunddreißig Jahre lang begleiteten, von 1764 bis zu seinem Tode 1799. Veröffentlicht wurden diese Aufzeichnungen erst nach Lichtenbergs Ableben, und anfangs auch nur in einer Auswahl, heute füllen sie ungefähr 1500 Seiten der von Wolfgang Promies besorgten Hanser-Ausgabe der Schriften Lichtenbergs. 1500 Seiten voll unterschiedlich umfangreicher Eintragungen, manche eine und mehr Seiten lang, die Mehrzahl aber faßt sich kürzer, besteht oft nur aus einem Satz, ja einem Wort. Die Germanisten haben diese Hefte aufgelistet und die Eintragungen je Heft numeriert, ich habe diese Zahlen überschlagsweise addiert und bin auf ungefähr 8150 solcher Notate gekommen, die — und nun kommt der Autor ins Spiel — weniger von *dem* Zeugnis ablegen, was Lichtenberg, der allseits anerkannte Göttinger Physikprofessor, das Ehrenmitglied internationaler Akademien, alles wußte, als davon, was er alles in Erfahrung gebracht hat oder aber — und häufig verbinden sich in einer Mitteilung beide Stadien der Erkenntnisgewinnung — : was er alles gerne in Erfahrung gebracht hätte, wobei er die Antwort tückischerweise häufig an den Leser delegiert.

Wenn Lichtenberg schreibt »Ich habe noch niemanden gefunden, der nicht gesagt hätte: es wäre eine angenehme Empfindung Stanniol mit einer Schere zu schneiden«, dann mag das noch als Tatsachenfeststellung durchgehen, obwohl der sensible Leser ahnt, daß er die amüsierte Zustimmung, mit welcher er diese Beobachtung zur Kenntnis nimmt, damit bezahlt, daß er fortan ein Problem mehr auf dem Buckel hat: Wenn Lichtenbergs These stimmt — und es hat den Anschein, daß sie es tut —, dann sollte doch auch jemand begründen, warum das so ist. So viel ich weiß, steht eine Antwort bisher aus, doch weiß ich dank Lichtenberg immerhin, warum ich gerne die Ursache

des Vergnügens der Menschen am Schneiden von Stanniol wüßte: »Man könte den Menschen so den Ursachen Bär, so wie den Ameisen Bär nennen. Es ist etwas starck gesagt. Das Ursachen Thier wäre besser.«

Einspruch, Herr Lichtenberg — »Ursachen Bär« trifft zumindest Ihre rastlose Art Fragen zu stellen, Ursachen zu wittern und nach Gründen zu graben, genauer.

»Wird man wohl vor Scham roth im Dunkeln?« ist so eine Lichtenbergsche Frage, und auch in diesem Falle ist seine Antwort von der Art, daß der Schwarze Peter der Lösung des Problems unvermutet bei uns landet, bei mir, dem Leser und Vortragenden und bei Ihnen, den mitgefangenen und mitgehangenen Zuhörern: »Wird man wohl vor Scham roth im Dunkeln? Daß man vor Schrecken im Dunkeln bleich wird, glaube ich, aber das Erstere nicht. Denn bleich wird man seiner selbst, roth seiner selbst und Anderer wegen. — Die Frage, ob Frauenzimmer im Dunkeln roth werden, ist eine sehr schwere Frage; wenigstens eine, die sich nicht bei Licht ausmachen läßt."

Drei von den ungefähr 8150 Lichtenberg-Notaten habe ich in den ersten drei Minuten meines Referates zitiert, es fiele mir nicht schwer, so fort und fort zu fahren. Lichtenberg-Leser nämlich sind insofern ein eigenes Völkchen, als jeder seinen eigenen Lichtenberg zu haben glaubt, möglicherweise sogar hat. Aus besagten Eintragungen auf erwähnten 1500 Seiten nämlich lassen sich ohne Schwierigkeiten die unterschiedlichsten Lichtenbergs destillieren, und genau das haben Lichtenberg-Verehrer immer wieder getan, in Form von Auswahlbänden, welche die Mitverehrer meist nur mürrisch, wenn nicht ablehnend zur Kenntnis nahmen und nehmen.

1931, in seinem Aufsatz »Schrei nach Lichtenberg«, listet Tucholsky auf, was es von Lichtenberg zu seiner Zeit gibt: »Es gibt: ›Lichtenbergs Aphorismen‹. Ausgewählt von Alexander von Gleichen Rußwurm … — ›Aphorismen‹, herausgegeben von Josef Schirmer … Der Rest ist sanfte Auswahl für den Hausgebrauch.«

Ich kenne keine dieser Auswahlsammlungen, würde jedoch gerne in einer blättern können, die leider nie erschienen ist, der Tucholskys: »Wer die Gewohnheit hat, in Büchern etwas anzustreichen, der wird seine Freude haben, wie sein Lichtenberg nach der Lektüre aussieht. Das beste ist: er macht gleich einen einzigen dicken Strich, denn mit Ausnahme der physikalischen und lokalen Eintragungen ist das alles springlebendig wie am ersten Tag.«

Aber nicht Tucholsky, Ernst Vincent gab 1932 eine weitere Lichtenberg-Auswahl heraus, im Verlag Alfred Kröner Leipzig, und wieder meldet sich der zu Wort, der ein Jahr zuvor nach Lichtenberg geschrien hatte: »Dieser Herausgeber, Ernst Vincent, hat die Freundlichkeit, einige Sätze von mir im Vorwort zu zitieren, nämlich: ›In Deutschland erscheinen jährlich dreißigtausend Bücher. Wo ist Lichtenberg — ? Wo ist Lichtenberg — ? Wo ist Lichtenberg — ?‹ Hier ist er, sagt der Herausgeber. Hm.«

Derart moderat bleibt Tucholsky nicht lange. Er zitiert Vincent, »Jede Auswahl trägt den Stempel der Zeit, in der sie entsteht, und des Geistes des Herausgebers«, und er kontert: »Diese Ausgabe trägt den Stempel des germanistischen Seminars.« Er kritisiert sich warm, »Was wir hier vorgesetzt bekommen, ist ein geistvoller, matt witziger, kluger und gebildeter Professor«, und er kommt in Fahrt, bis er schließlich beim Thema ist. Aber ist das noch immer Lichtenberg? Nicht vielmehr Tucholsky selber?

Noch einmal läßt er Vincent zu Wort kommen, »Da wird es deutlich, daß dieser Mensch kein Baumeister ist. Um ihn herum liegen Teile und Brocken —«, dann schlägt Tucholsky gnadenlos zu: »So hol sie doch der Henker alle miteinander, diese Pauker. Nein, er war kein Baumeister! Und Goethe war kein Radfahrer! Und Schiller exzellierte nicht in breiten Romanen. Und Dante verstand nichts vom Theater. Warum — o Seminar! — sollte Lichtenberg ein Baumeister großer Werke gewesen sein? Mit manchem ›irgendwie‹ und manchem ›Wissen um…‹ wird dargetan, daß es bei ihm sozusagen nicht gereicht habe. Uns langts.«

Ein »uns«, das wir getrost als Plural majestatis lesen können. Diese Lichtenbergherausgeber-Schelte nämlich ist eine der letzten Veröffentlichungen Tucholskys, doch nicht sie beschließt die dreibändige Ausgabe der Gesammelten Werke im Rowohlt Verlag, ihr folgt eine Rubrik, die Tucholsky, ohnehin kein Langstreckenautor, in dieser Spätzeit bevorzugt beliefert hat: er benannte sie mit einem Wort, das in Klang und Sinn dem Lichtenbergschen »Sudel« recht nahekommt, nämlich »Schnipsel«.

Rund fünfundzwanzig Jahre später sucht und findet ein anderer Künstler Trost bei Lichtenberg, jemand, dessen Werk man alles mögliche vorwerfen kann, nur nicht, daß es aus Teilen, Brocken oder gar Schnipseln bestehe. Seit den späten 50ern bereits gilt der Autor als Großschriftsteller, was sich sowohl auf den Umfang seiner Werke bezieht, als auch auf seine moralische und artistische Statur. Seine Kunstfertigkeit freilich ist nach seinen letzten Veröffentlichungen nicht mehr unumstritten, die Aufnahme seines allerletzten umfangreichen Buches, »Die Rättin«, war sogar überwiegend negativ: »Ein katastrophales Buch« hatte unser Lautester, Marcel Reich Ranicki, damals noch Literaturpapst der FAZ, seine Rezension betitelt.

Das alles geschah 1986, zwei Jahre später beschreibt der Autor, wie er mit diesen Schicksalsschlägen fertig wurde. Sein Buch »Zunge zeigen« berichtet von des Dichters Flucht und Exil in Calcutta. »Wovon ich wegfliege«, beginnt er, und zählt sodann auf, was ihm in der Heimat nicht mehr paßt: »Weg vom Gequatsche, von Verlautbarungen weg… Tausende Kilometer weit weg vom subtilen Flachsinn einst linker, jetzt nur noch smarter Feuilletonisten, und weg, weg von mir als Teil oder Gegenstand dieser Öffentlichkeit.«

Die Rede ist natürlich von Günter Grass, und der macht in Calcutta die Erfahrung, die heimatlichen Quälgeister immer noch nicht ganz abgeschüttelt zu haben, nur daß ihn jetzt nicht ihre Aufdringlichkeit, sondern ihr Ausbleiben erzürnt: »Am Abend sehen wir im Akademie-Theater die erste Aufführung der ›Plebejer‹. Nicht einmal merkwürdig ist, daß jene deutschen Journalisten, die sonst mit Eifer und täglich meinen Stuhlgang befragen möchten, kein Interesse an der bengalischen Aufführung des ›Deutschen Trauerspiels‹ zeigen.«

Einen Freund und Helfer aber hat sich Grass aus der Heimat ins heiße Bengalen mitgenommen, und der leistet sogar als Klimaanlage noch gute Dienste: »… nach dem Wolkenbruch heute nacht dampft der Garten. Vorsicht! Keine überflüssige Bewegung! Allenfalls Lichtenberg lesen, dessen Prosa kühlt. Wie er die Kritiker zu seiner Zeit (mit Nachhall bis heute) trifft, wie er sich immer wieder — und nicht ohne Genuß — den ›Frankfurter Rezensenten‹ vornimmt. Gleich kommt mir, wie aufgerufen, ein gegenwärtiges Exemplar in die Quere, dessen eloquenter Pfusch sich ungeschmälerter Wirkung erfreut, weil weit und breit kein Lichtenberg dem Beckmesser sein einzig gültiges Werkzeug, die Meßlatte des Sozialistischen Realismus nachweist. Dabei erinnere ich mich an seine umtriebene Präsenz während der letzten Treffen der Gruppe 47: ein amüsanter Literaturnarr, liebenswert noch in seinen Fehlurteilen. Erst als ihm die Chefetage der FAZ Macht zuschanzte – das große Geld weiß, was frommt –, wurden seine Verrisse übellaunig bis bösartig, mißriet er zu Lichtenbergs ›Frankfurter Rezensenten‹.«

Einspruch, Herr Grass! Bei Lichtenberg kann das Opfer beckmesserischer Literaturkritik den stärksten Trost finden, der sich denken läßt – »Wenn ein Buch und ein Kopf zusammenstoßen und es klingt hohl, ist das allemal im Buch?« oder: »Ein Buch ist ein Spiegel, wenn ein Affe hineinsieht, so kann kein Apostel herausgucken« – Lichtenbergs »Frankfurter Rezensent« aber ist das genaue Gegenteil eines übellaunigen Beckmessers: »Es giebt eine gewisse Art von gekünsteltem Unsinn, den die Halbköpfige leicht für tiefe Weisheit, ja wohl für das Weben des Genies hält, erstimulierte Ausbrüche eines Fundamentlosen Enthusiasmus, eine fieberhaftes haschen nach Originalismus ohne Richtigkeit der Empfindung, in welchem der Franckfurter Rezensent oder der Primaner aller Orten Schakespierische Inspiration zu wittern glaubt, das Rauschen von Libanons ewiger Zeder, die donnernden Tritte des Würg Engels, und den Klang der Posaune des letzten Tages hört. Es ist nichts. Fünf gegen eins, der Mann der es geschrieben hat ist ein Tropf, der mehr scheinen will als er ist, und damit ist seine arme Seele für den Ruhm der Nachwelt hin als hätte sie das Licht nie gesehn oder den Satz des Widerspruchs nie gedacht.«

Fundamentloser Enthusiasmus – eine Eigenschaft, die Marcel Reich-Ranicki denn doch ziemlich abgeht, wie er ja überhaupt wenig von einem Stürmer und Dränger hat. Die aber meint Lichtenberg, wenn er – und tut dies häufiger – von den »Franckfurter Rezensenten« spricht, den Mitarbeitern der Zeitschrift »Frankfurter Gelehrte Anzeigen«, Jünglingen wie Goethe, Herder, Schlosser und Merck.

Ich weiß nicht, welche Lichtenberg-Ausgabe Grass in Calcutta las – seine Ausführungen an anderer Stelle legen den Schluß nahe, daß es die Gesamtausgabe der »Sudelbücher« war –, ich wüßte aber noch ein schönes Lichtenberg-Zitat, Rezensionen betreffend. Es sind Zeilen, die es dem Autor, zumal dem gestandenen, nahelegen sollten, einen Verriß nicht allzu schwer und Lichtenbergs Trost nicht dann in Anspruch zu nehmen, wenn das auf Kosten des vom Tröster eigentlich Gemeinten geht: »Ich sehe die Recensionen als eine Art von Kinderkrankheit an, die die neugebohrnen Bücher mehr oder weniger befällt. Man hat Exempel, daß die gesündesten daran sterben, und die schwächlichen offt durchkommen. Manche bekommen sie gar nicht. Man hat häufig versucht, ihnen durch Amulete von Vorrede und Dedication vorzubeugen oder sie gar durch eigene Urteile zu inoculieren, es hilfft aber nicht immer.«

Aller Guten Dinge sind drei – es wird Sie kaum überraschen, daß, nach Tucholsky und Grass, der dritte der von Lichtenberg Getrösteten kein anderer ist als der Vortragende. Allerdings – und das sei vorausgeschickt – habe nicht nur ich selber bei ihm Trost gefunden, ich habe auch versucht, mit Lichtenbergs Hilfe andere zu trösten:

Zehn Jahre lang war ich im Rahmen der in Frankfurt erscheinenden Satirezeitschrift »Titanic« als Humorkritiker tätig, lobend, zweifelnd, tadelnd, und als ich die gesammelten Kritiken 1988 zu Druck beförderte, im Buch »Was gibt's denn da zu lachen«, da stellte ich, der Kritiker aus Frankfurt, ihm ein Motto von Lichtenberg voran, das die Kritisierten aufrichten und stützen sollte: »Wenn die Frankfurter Rezensenten wüßten, wie sie bei vernünftigen Leuten stünden, so würden sie gewiß jeden loben, den sie verworfen wissen wollen.«

So, und nun zu mir. Welcher Art der Trost sein kann, den ein Nachborener vom schreibenden Vorfahren empfängt, hat Lichtenberg selber an jemandem dargestellt, den *ich* keinesfalls unter seinen Lieblingsautoren vermutet hätte: »Ich lese die Psalmen Davids sehr gern: ich sehe daraus, daß es einem *solchen* Manne zuweilen eben so ums Herz war wie mir, und wenn ich sehe, daß er nach seinem großen Leiden wieder für Errettung dankt, so denke ich, vielleicht kommt die Zeit, daß auch du für Errettung danken kannst. Es ist gewiß ein Trost, zu sehen, daß es einem großen Manne in einer höheren Lage nicht besser zu Mute war, als einem selbst, und daß man doch nach Tausenden von Jahren von ihm spricht und sich an ihm tröstet.«

Rund zweihundert Jahre nach dieser tröstlichen Eintragung spreche ich vom getrösteten Eintragenden – aus welchem Grunde vermag er es, mir Trost zu spenden?

Gewiß nicht seiner Leiden wegen. Lichtenberg macht aus ihnen kein Hehl, doch nicht die Leiden und Errettungen des Gläubigen sind sein eigentliches Thema, sondern die Freuden und Erleuchtungen dessen, der sich vorgenommen hat, nichts ungeprüft zu glauben.

»Dinge zu bezweifeln, die gantz ohne weitere Untersuchung jezt geglaubt werden, das ist die Hauptsache überall«, sagt Lichtenberg in den »Vermischten Anmerckungen für Physic und Mathematic«, und »Warum glaube ich dieses? Ist es auch würklich so ausgemacht?« – doch liegt es in der Natur des Zweifels, sich nicht einzäunen zu lassen: »Zweifle an *allem* wenigstens Einmal, und wäre es auch der Satz: zweimal 2 ist 4« – wer sich selbst der Mathematik mit solchem Mißtrauen nähert, der wird gegenüber Menschenwerk noch unbedingtere Vorsicht walten lassen: »Immer sich fragen: sollte hier nicht ein Betrug stattfinden? und welches ist der natürlichste, in den der Mensch unvermerkt verfallen, oder den er am leichtesten erfinden kann?«

Dem, der derart zweifelnd auf die Welt blickt, drohen zwei Gefahren: daß er trübsinnig wird oder rechthaberisch. Rechthaberisch, wenn er seinen finsteren Verdacht allzu häufig bestätigt sieht, und trübsinnig, wenn er mitansehen muß, wie der überwiegende Teil seiner Zeitgenossen gar nicht bereit ist, sich aufklären zu lassen, sondern den bergenden Irrtum und den schützenden Selbstbetrug auch dann noch dem freien Flug des Denkens vorzieht, wenn aus dem Schutz längst ein Kerker geworden ist. Lichtenberg war diese Erfahrung nicht fremd – »Man spricht viel von Aufklärung, und wünscht mehr Licht. Mein Gott was hilft aber alles Licht, wenn die Leute entweder keine Augen haben oder die, die sie haben, vorsätzlich verschließen?« – doch konnte ihn die Erfahrung der Lichtfeindlichkeit anderer deshalb nicht völlig verdüstern, weil er viel zu sehr damit beschäftigt war, sich selber und den Rest der ihm erfahrbaren Welt auszuleuchten, wobei ihm neben seinem Verstand noch eine Helferin zur Hand ging, seine Phantasie: »Seine Einbildungskraft« – Lichtenberg spricht von sich in der dritten Person – »seine treuste Gefährtin verläßt ihn alsdann nie, er steht hinter dem Fenster den Kopf zwischen die zwo Hände gestüzt, und wenn der vorbeygehende nichts als den melancholischen Kopfhencker sieht, so thut er sich offt das stille Bekenntniß, daß er im Vergnügen wieder ausgeschweift hat.«

Das Vergnügen an Lichtenbergs ausschweifenden Verdächtigungen hält seit zweihundert Jahren an, es ist sogar, glaube ich, in dem Maße gewachsen, wie es sich herausstellte, daß dieser – mit Schopenhauer zu sprechen – Selbstdenker oft auch ein Vordenker war oder doch jemand, der einen bereits länger gehegten Verdacht am erhellendsten formulierte – wobei er sich in einigen Fällen sogar selber übertraf.

»Gott schuf den Menschen nach seinem Bilde, das heißt vermuthlich der Mensch schuf Gott nach dem seinigen« – besser hat das auch Feuerbach nicht gesagt, freilich später.

Dafür hat Lichtenberg selber den gleichen Sachverhalt in einer weiteren Aufzeichnung eine noch einprägsamere, weil schön komische Form gegeben: »Die Indianer nennen das höchste Wesen Pananad oder den Unbeweglichen weil sie selbst gerne faullentzen.« Und mit einer dritten, der kürzesten Variante seiner Gottesverdächtigungen ist Lichtenberg sogar so etwas wie der Urvater der feministischen Theologie geworden: »Mutter unser die du bist im Himmel.«

Gott ist also ein Produkt des Menschen, doch was ist der Mensch? Auf jeden Fall ein Mischprodukt: »So wie uns der Vetter Engel und der Vetter Affe auslachen«, sagt Lichtenberg, und an anderer Stelle: »Es ist schwer, das Affenmäßige in den menschlichen Füßen zu fühlen, aber zuweilen kann man es, man kommt leicht auf das menschliche und conventionelle« – die weitere Verfolgung dieser Verdachtsmomente haben dann die Herren Nietzsche und Darwin übernommen.

»Mit Gott für König und Vaterland« stand einst auf den Koppelschlössern der Militärs, Gott hatten wir schon – doch was hat es eigentlich mit dem Vaterland auf sich? Bitte, Herr Lichtenberg: »Ich möchte was darum geben, genau zu wissen, für wen eigentlich die Thaten gethan werden, von denen man öffentlich sagt, sie wären *für das Vaterland* gethan worden« – was hier noch in Frage gestellt wird, hat sich in einer weiteren Überlegung Lichtenbergs bereits zur Gewißheit gemausert: »Die Könige glauben oft, das was ihre Generale und Admirale tun, sei Patriotismus und Eifer für ihre eigene Ehre. Öfters ist die ganze Triebfeder großer Taten ein Mädchen, welches die Zeitung liest.«

Es ließen sich natürlich auch andere, weniger niedliche Triebfedern denken, und Lichtenberg wäre sicherlich der letzte, der da widerspräche. Auf jeden Fall aber ist er der allerletzte, der im Patriotismus etwas sähe, das einem zeitunglesenden Mädchen als Motiv einer Tat überlegen wäre:

»Es giebt heuer eine gewisse Art Leute, meistens junge Dichter die das Wort Deutsch fast immer mit offnen Naßlöchern aussprechen. Ein sicheres Zeichen daß der Patriotismus bei diesen Leuten sogar auch Nachahmung ist. Wer wird immer mit dem Deutschen so dicke tun? Ich bin ein deutsches Mädchen, ist das etwa mehr als ein englisches, russisches oder Otaheitisches? ...«

Natürlich nicht, ergänzen wir mit Lichtenberg und stimmen ihm auch dann noch zu, wenn er uns das immer noch rare, dabei doch so ungemein erkenntnisfördernde Kunststück

vormacht, wie simpler Blickwechsel die scheinbar ange-
borenen Scheuklappen des Eurozentrismus in einem Satz
aufzulösen vermag: »Der Amerikaner, der Columbus zuerst
entdeckte, machte eine böse Entdeckung.«
Applaus, Applaus, doch Lichtenbergs weniger entlarvender
denn demaskierender Geist wagt sich in noch entlegenere
Gebiete vor, in Zonen, in welche ihm weder zu seiner Zeit
noch heute jeder Wohlmeinende folgen konnte und kann.
Wer die letzten fünfundzwanzig Jahre bei einigermaßen
klarem Bewußtsein erlebt, wer die Emanzipationsbestre-
bungen dieser Zeit begleitet und mit den antiautoritären
Bewegungen sympathisiert hat, der weiß, daß gerade
jene, die das falsche Bewußtsein des Gegners sogar noch
aus dessen angeblich repressiver Toleranz herausschmeck-
ten, ganze Klassen, Völker ja Erdteile von ihrem sonst doch
so totalen Ideologieverdacht ausnahmen. Das Vietnam Ho
Chi Minhs, das China Mao Tse Tungs waren solche Inseln
der Seligen, Landstriche, in denen arme aber glückliche
Völker den Neuen Menschen hervorbrachten, indes der alte
Adam des Westens immer weiter im Sumpf versank, ange-
lockt vom faulen Zauber kapitalistischer Scheinblüte ...
Heute wissen wir, daß diese Paradiese nur deshalb in hie-
sigen Köpfen existieren konnten, weil die eine Sonne
brauchten, einen Fixpunkt, der sie daran hinderte, von der
Drift ihres galoppierenden Zweifelns und Anzweifelns aus
der Lebensbahn getragen zu werden – was ja nicht we-
nigen trotzdem widerfuhr.
Um so bewundernswerter erscheint uns daher der Zweifler
Lichtenberg, der neben dem traditionellen Trost des Garten
Eden auch den jener säkularisierten Paradiese ausschlug,
die noch lange in den Köpfen seiner Artgenossen spuken
sollten, bis hin zum Otaheite, sprich Tahiti eines Gauguin
und dem edlen Wilden Winnetou des Karl May.
Irgendwann muß es doch ein Paradies gegeben haben!
hatten Lichtenbergs Zeitgenossen wie Generationen von
Mühseligen vor ihnen gehofft; Irgendwo gibt es das auch
noch heute! vermuteten sie, so wie Generationen von Zivi-
lisationsmüden nach ihnen – Nichts da! entgegnete ihnen
Lichtenberg mit gnadenloser Heiterkeit: »Die Kunst Menschen mit ihrem Schicksale mißvergnügt zu machen, die
heutzutage so sehr getrieben wird. O wenn wir doch die
Zeit der Patriarchen wieder hätten, wo die Ziege neben
dem hungrigen Löwen graste, und Kain in den zärtlichen
Umarmungen seines Bruders Abel seine Saecula durch-
lebte (hier müssen noch mehr solche feinen Geschichtchen
ausgesucht werden von Sodomiterei, Betrug um Erst-

geburt), oder in dem glücklichen Otaheite wo man für einen
eisernen Nagel haben kann, was in Hannover und Berlin
goldne Tabatieren und Uhren gilt, und wo man bei völliger
Gleichheit der Menschen das Recht hat seine Feinde auf-
zufressen und von ihnen gefressen zu werden.«
So stehts in Heft K, im vorangehenden Heft J aber findet
sich ein Eintrag, der in gebotener Kürze dem in die Parade
fährt, der sich etwas darauf einbildet, daß in unseren Breiten zumindest der Kannibalismus überwunden sei: »Wir
fressen einander nicht, wir schlachten uns bloß.«
Denn daraus, daß es anderswo kein Paradies gibt, folgt
leider nicht, es gäbe auch keine Hölle. Im Gegenteil, sie
beginnt vor der Haustür: »Wenn jemand in Chochinchina
sagt doii (mich hungert), so laufen die Leute als wenn es
brennte ihm etwas zu essen zu geben. In manchen Pro-
vinzen Deutschlands könnte ein Dürftiger sagen: mich
hungert, und es würde gerade so viel helfen, als wenn er
sagte doii.«
Oder, wiederum auf die kürzeste Formel gebracht: »Wir
von Gottes Ungnaden Taglöhner, Leibeigene Neger, Fron-
knechte etc.«
Wer mir bisher gefolgt ist, mag natürlich fragen, welcher
Trost eigentlich aus all diesen trostlosen Einsichten zu
ziehen sei.
Nun – einmal beweisen Lichtenbergs Erkenntnisse, daß
es zur Wahrheitsfindung keines think tanks bedarf und
keines Stromanschlusses für Rechner und Speicher, es
genügen ein klarer Kopf, ein guter Stift und genügend
Hefte. Die bis heute anhaltende Frische seiner Einsichten
aber ist der beste Beweis dafür, wie sehr die Haltung fun-
dierter Skepsis jener überlegen ist, die Lichtenberg als
»fundamentlosen Enthusiamus« bezeichnete und ver-
spottete.
Freilich: Diese Tröstungen können uns auch andere Denker
spenden, Kant oder Schopenhauer, Karl Kraus oder Bertrand
Russel. Dafür wurden und werden sie geachtet, völlig zu
recht, Lichtenberg aber wird zusätzlich noch geliebt ...
Seinem Selbstdenken nämlich entsprach ein Eigensinn,
der so gut wie alles für aufschreibenswert hielt, was seinen
Körper betraf oder ihm durch die Rübe rauschte: »Es hat
mich öfters geschmerzt, daß ich seit 20 Jahren nicht mehr
dreimal in einem Atem genieset, noch mich an das Küm-
meleckchen gestoßen habe.« Oder: »Er hatte seinen beiden Pantoffeln Namen gegeben«. Oder auch – und wieder
meint das Er natürlich den Autor: »Er las immer Agamem-
non statt angenommen, so sehr hatte er den Homer ge-

lesen« — übrigens ein Witzmuster, nach dem Freunde und ich ungeniert weitergestrickt haben und das immer noch zur Nachahmung reizt: »Er war so sehr an Politik interessiert, daß er Vietnam las, statt Vitamin« bzw.: »Er war derart konsumorientiert, daß er Colgate las, statt Golgatha.«

Als Lichtenberg Sätze wie die soeben zitierten niederschrieb, galt Klopstocks enthusiastischer »Messias« als das Groß- und Hauptwerk der Literatur seiner Epoche, sehr zum Mißfallen Lichtenbergs: »Ich lese die Tausend und eine Nacht und den Robinson, den Gilblas, den Findling, tausendmal lieber als die Messiade, ich wolte 2 Messiaden für einen kleinen Teil des Robinson Crusoe hingeben. Unsere meisten Dichter haben, ich will nicht sagen nicht Genie genug, sondern nicht Verstand genug einen Robinson Crusoe zu schreiben.«

Heute lebt der gefeierte »Messias« nur noch in germanistischen Seminaren fort, die Sudelbücher aber liegen immer noch auf vielen Nachttischen — kein schlechter Trost für jenen, der hin und wieder ebenfalls etwas notiert und sich der mit den Jahren wachsenden Anzahl seiner Hefte erfreut: Wenn das mal rauskommt, was da drin steht! Und wenn selbst diese Schriftstellerhoffnung trügt, wenn die Nachwelt den Inhalt dieser Hefte gar nicht oder nur befremdet zur Kenntnis nehmen sollte — auch dann tröstet ein weiteres, das vorletzte Lichtenbergwort: »Erstlich glaube ich nicht, daß ich auf die Nachwelt komme, und dann sind ja wir die Väter der Nachwelt und die wird uns gewiß ihren kindlichen Respekt nicht versagen. Ich kann nicht begreifen warum man sich mehr vor ihr als vor dieser Welt schämen soll.«

Das allerletzte Wort aber soll der Oftzitierte zu jenem Vorgang sagen, dem Sie soeben so geduldig beigewohnt haben, zu meinem Vortrag: »Es ist fast nicht möglich Etwas Gutes zu schreiben ohne daß man sich dabei Jemanden oder auch eine gewisse Auswahl von Menschen denckt, die man anredet. Es erleichtert wenigstens den Vortrag sehr in Tausend Fällen gegen Einen.«

Ich kann die Richtigkeit dieser Worte bezeugen. Ich hatte mir ein langmütiges, verständnisvolles und freundliches Publikum vorgestellt — ich danke Ihnen dafür, daß Sie meiner Vorstellung derart umfassend entsprochen haben.

Grillenfänger Lichtenberg

Luis Murschetz

Der Geistvollste aller Grillenfänger und der Grillenvollste
aller Geistreichen: Lichtenberg ...
(Ernst v. Feuchtersleben)

Roland Beier

Goethe & Schiller & …

F.W. Bernstein

MICKEY BEIG & LICHTENMOUSE

Alex Ziegler

Lichtenberg und die Damen   Lichtenberg'sche Figuren über Göttingen

Carsten Hildebrandt

Der olle Lichtenberg dreht sich
in letzter Zeit wieder häufiger im Grab herum!

Heribert Lenz

Erich Paulmichl

ER HATTE IM PRÜGELN EINE ART GESCHLECHTSTRIEB, ER PRÜGELTE NUR SEINE FRAU.

Papan

Unbekannter Lichtenberg:

Erfinder der schnurlosen Wäscheleine

Rudi Hurzlmeier

Rattelschneck

Gruppe M (Mario Mentrup, Michael Horn

Das eine kann machen, das andere aber bitte nicht.
2. Versuch zu Lichtenberg plus/minus.

es heißt eben nicht

Deinung
Seinung
Ihrung
Unserung

oder

Euerung

sondern

MEINUNG

Joseph

Joseph W. Huber
Aus der Serie: DENK-ZETTEL

Die unterhaltendste Fläche auf Der Erde für uns ist Die vom menschlichen Gesicht

R. S. Berner '92

Rotraut Susanne Berner

Faltobjekt; in Bewegung gebracht verändert sich der Gesichtsausdruck.

Peter Kruse

Horst G. Johansson
(nach H. E. Köhler)

IRONIMUS

„Lichtenberg-Connection"

Ironimus (Prof. Gustav Peichl)

LICHTENBERGS THESEN STIESSEN OFT AUF UNVERSTÄNDNIS

Wilfried Asmussen

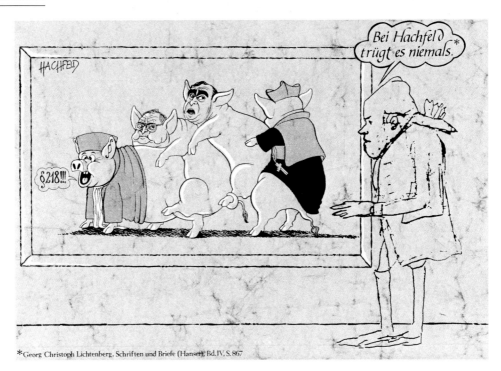

Rainer Hachfeld

Woody Allen spielt
Lichtenberg

Darf ich mir mal Ihren Buckel
anschauen, Herr Lichtenberg?

Ernst Kahl

Christoph Gloor

Georg Christoph Lichtenberg

Jeder Mensch hat auch seine moralische backside, die er nicht ohne Not zeigt, und die er solange als möglich mit den Hosen des guten Anstandes zudeckt.

Christoph Gloor

MANFRED HOFMANN

WOHER KANNTE LICHTENBERG
EIGENTLICH ...

... Helmut Kohl?

Es gibt Leute, die glauben, alles wäre vernünftig, was man mit einem ernsthaften Gesicht tut.

... Jürgen Möllemann?

Wer in sich selbst verliebt ist, hat wenigstens bei seiner Liebe den Vorteil, daß er nicht viele Nebenbuhler erhalten wird.

... Günther Krause?

Er hatte gar keinen Charakter, sondern, wenn er einen haben sollte, mußte er immer erst einen annehmen.

... Theo Waigel?

Es kann nicht alles ganz richtig sein in der Welt, weil die Menschen noch mit Betrügereien regiert werden müssen.

... Sabine Leutheusser-Schnarrenberger?

Im ganzen Zirkel von Liebe zur Veränderung, die das weibliche Geschlecht besitzt, ist wohl die zur Veränderung des Namens die vorzüglichste.

... Björn Engholm?

Er schliff immer an sich und wurde am Ende stumpf, ehe er scharf war.

... Oskar Lafontaine?

Er verschluckte viel Weisheit, es war aber, als wenn ihm alles in die unrechte Kehle gekommen sei.

... Peter Gauweiler?

Die Großen mit ihren langen Armen schaden oft weniger als ihre Kammerdiener mit den kurzen.

... Johannes Dyba?

Wenn Religion der Menge schmecken soll, so muß sie notwendig etwas vom Hautgout des Aberglaubens haben.

... Heinz Klaus Mertes?

Sein Tintenfaß war ein wahrhaftiger Janustempel, wenn's zugepropft war, so war's in der ganzen Welt Friede.

... Walter Jens?

Die große Regel: Wenn dein bißchen an sich nichts Sonderbares ist, so sage es wenigstens ein bißchen sonderbar.

… Marcel Reich-Ranicki?

Wenn ein Buch und ein Kopf zusammenstoßen, und es klingt hohl, ist das allemal im Buch?

… Johannes von Buttlar?

Der Mann hatte vieles bei wachender Gelehrsamkeit und schlafendem Verstande ausgeheckt.

… Hella von Sinnen?

Das Mädchen ist ganz gut; man muß nur einen andern Rahmen drum machen lassen.

… Eckhard Henscheid?

Ich hasse nichts so sehr als die Bürschchen, die Sachsenhäuser Grobheit für Satire halten, wenn sie sie durch ein paar verzierte Lippen zeigen oder mit dem lispelnden Züngelchen, womit sie sie vorbringen, wieder halb zurückzunehmen glauben.

… Günther Grass?

Ist es nicht sonderbar, daß man das Publikum, das uns lobt, immer für einen kompetenten Richter hält; aber sobald es uns tadelt, es für unfähig erklärt, über Werke des Geistes zu urteilen?

… Ulla Hahn?

Bei vielen Menschen ist das Versemachen eine Entwicklungskrankheit des menschlichen Geistes.

… Didi Hallervorden

Andere lachen zu machen ist keine schwere Kunst, solang es einem gleich gilt, ob es über unseren Witz ist oder über uns selbst.

In der Ausstellung als Tafelinstallation. Alle Zitate original von Lichtenberg.

Georg Christoph Lichtenberg *

FRAGMENT VON SCHWÄNZEN

Einige Silhouetten
von unbekannten, meist tatlosen Schweinen

a   b   c   d   e   f

verſtümmelt

𝕒 schwach arbeitende Tatkraft; 𝕓 physischer und moralischer Speck; 𝕔 unverständlich, entweder monströs oder Himmelsfunken lodernder Keim, vom Wanderer zertreten; 𝕕 vermutlich verzeichnet, sonst blendender, auffahrender Eberblitz; 𝕗 Kraft mit Speck vertatloset.

Fragen zur weitern Übung
Welcher ist der kraftvollste?
Welcher hat am meisten Tatstarrendes?
Welcher Schwanz wird schwänzen?
Welcher ist der Jurist? der Mediziner? der Theologe?

Weltweise? der Taugenichts? der Taugewas?
Welcher ist der verliebteste?
Welcher hat den Freitisch?
Welchen könnte Goethe getragen haben?
Welchen würde Homer wählen, wenn er wiederkäme?

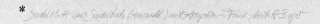

* *Sudelblatt aus Sudelbüch (Auswahl) mit Adoption – Frank Norbert Beyer*

Frank Norbert Beyer

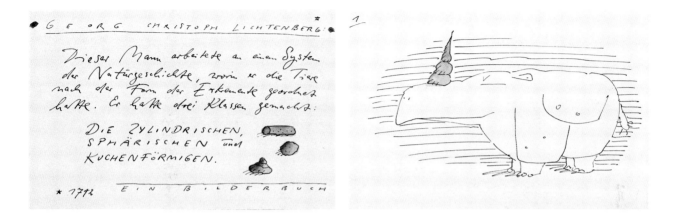
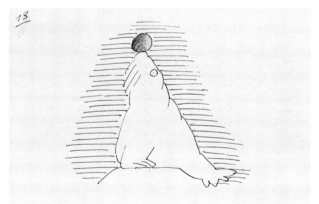

Manfred Bofinger

Details aus einem 20-seitigen Leporello

Ernst Volland

Tom Breitenfeldt

F.W. Bernstein

Sie fühlten den
Druck der Regierung
so wenig wie den
Druck der Luft

G.C. Lichtenberg

Stefan Böhler

Christoph Gremmer

Peter Neuhaus

War er nun
Dichter, Denker
oder Deutscher

Eberhard Dietzsch

otto '92

Ein Messer ohne Klinge,
dem der Griff fehlt.

Lichtenberg

Lothar Otto

Ich sah Lichtenberg

(Eine durch und durch wahre Geschichte)

Neulich fuhr ich mit meinem Wagen im Wendland von Lüchow nach Salzwedel. Auf der Hälfte des Weges kommt man durch eine kleine Ortschaft, die den Namen 'Lichtenberg' trägt. (Sie liegt zwischen Woltersdorf und Puttball.) In dem Örtchen sah ich plötzlich einen buckligen alten Mann an der Straße stehen. Er schaute mich an. Ich erschrak. Just in diesem Moment fiel mir siedendheiß ein, daß der Termin für die 'Lichtenberg'-Ausstellung näher rückte. Es ist verrückt, aber ich werd das Gefühl nicht los, daß es Lichtenberg persönlich war, der mich daran erinnern wollte.

(Sodtke Im August 1992)

Matthias Sodtke

Tomi Ungerer

Klaus Schlosser

Wenn Heiraten Frieden stiften können, so sollte man
den Großen die Vielweiberei erlauben.

Peter Neugebauer

Details aus 15-seitiger Mappe mit Motiven
von Heinrich Hoffmann

Ges. von Heinrich Hofmann.

GRABLEGUNG.

— Sie kehrten aber um und bereiteten Specereien und Salben und den Sabbath über waren sie stille
nach dem Gesetz. — Luc. 23, 56.

12.

Kunstverlag: Friedrich Adolf Ackermann, München. 1887.   Lichtdruck: Römmler & Jonas, Dresden.

Peter Neugebauer

Rainer Schade

Zu Lichtenberg: Der Erfinder

Ihr Unterrock war roth und blau sehr breit gestreifft und sah aus, als wenn es aus einem Theatervorhang gemacht wäre. Ich hätte für den ersten Platz viel gegeben, aber es wurde nicht gespielt.

F.K. Waechter

Hans Georg Rauch

Beweinung

Hans Georg Rauch
Theater

NEL

THE GÖTTINGER

In einem Roman müßte es sich gut ausnehmen, den Helden Begriffe z. B. von der Erde in einer kleinen Charte vorzustellen. Die Welt würde rund vorgestellt, in der Mitte liegt das Dorf, so er lebt, sehr groß mit allen Mühlen pp. vorgestellt, und dann von hier die anderen Städte, Paris London sehr klein, überhaupt wird alles sehr viel kleiner, wie es weiter weg kömmt.

G. C. Lichtenberg

Robert Gernhardt

Barbara Henniger

Hommage an G. Chr. L.

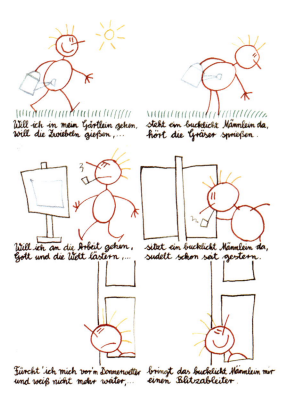

Will ich in mein Gärtlein gehen,
will die Zwiebeln gießen, ...

steht ein bucklicht Männlein da,
hört die Gräser sprießen.

Will ich an die Arbeit gehen,
Gott und die Welt lästern, ...

sitzt ein bucklicht Männlein da,
sudelt schon seit gestern.

Fürcht' ich mich vor'm Donnerwetter
und weiß nicht mehr weiter, ...

bringt das bucklicht Männlein mir
einen Blitzableiter.

①

Fühle ich mich hypochondrisch,
denk: "Okay, das war es!", ...

enthält das bucklicht Männlein sich
jeden Kommentarres.

Leg ich mich zu einer Frau,
um sie zu be-greifen, ...

liegt das bucklicht Männlein da,
hat schon einen Steifen.

Bin ich echt mit mir zufrieden,
will mich an mir weiden, ...

denk an's bucklicht Männlein ich –
werd ich ganz bescheiden.

②

Erich Rauschenbach

Ralf Alex Fichtner

Das zweite Hirn

Helmut Vogl

Lion, oder „Wenn es kommt …"

Steffen Haas

"Was man sich selbst erfinden muß, läßt im Verstand die Bahn
zurück, die auch bei einer andern Gelegenheit gebraucht werden kann."
                                        Georg Christoph Lichtenberg

(Zeichnungen nach den PETZI-Büchern
                        von Carla und Wilhelm Hansen)

Gunter Hansen

KATZENVERGRÖSSERER ODER EINFACH NUR BLITZABLEITER –
LICHTENBERG ENTSCHIED SICH FÜR LETZTERES...

Ari Plikat

Ich möchte wissen, ob Tiere
dümmer träumen, als sie
im Wachen sind.

Lichtenberg

Er wunderte sich, daß den Katzen gerade an der Stelle zwei Löcher
in den Pelz geschnitten wären, wo sie die Augen hätten.

Lichtenberg

Hans Traxler

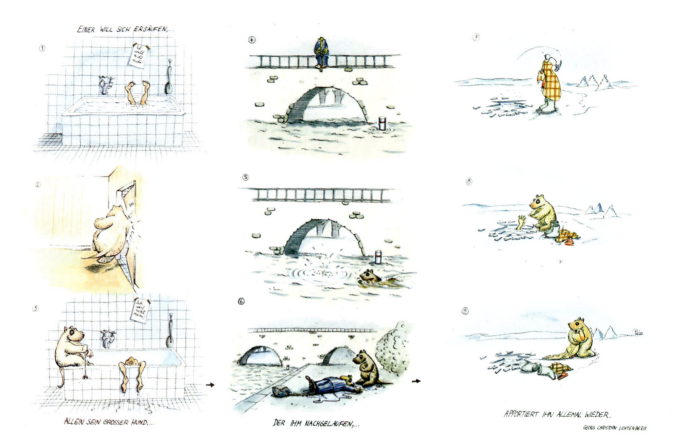

André Poloczek

Für G. Ch. Lichtenberg — philosophischer Nachmittag

NICO

Philosophischer Nachmittag

Matthias Schwoerer

Matthias Schwoerer

Und Lichtenberg hat doch recht:

Eduard Kowalski, Sparkassen-
filialleiter aus Berlin-Tegel.

Franz Eigenbrot, Gewerkschafts-
sekretär aus Gelsenkirchen.

Josef Mehrmann, Leiter der Kinder-
tagesstätte „Sunflower" in
Frankfurt-Bockenheim.

Dr. James Borweret, Prominenten-
zahnarzt aus Düsseldorf.

Anton Back, Metzgermeister
aus Lohr am Main.

Hans-Ferdinand Knabbe,
UNICEF-Botschafter aus Bonn.

Karl-Heinz Wolf, Löwen-
bändiger aus Bielefeld.

Rosa von Triefenstein, Heirats-
schwindler aus München

Die Physio-
gnomik ist
Unsinn!

Hier sind die ersten
8 lebenden Beweise.

GRESER /92

Achim Greser

Armin Gehret

Große Leute fehlen auch, und manche darunter so oft, daß
man fast in Versuchung gerät, sie für kleine zu halten.

"was die wahre Freiheit und den wahren
gebrauch derselben am deutlichsten charakterisiert,
ist der Mißbrauch derselben"
G. C. Lichtenberg

Harald Höppner

Lutz Hirschmann

Ich warf allerlei Gedanken im Kopf herum,
bis endlich folgender oben zu liegen kam.

HOMO SAPIENS LICHTENBERGENSIS

Rainer Ehrt

Homo Sapiens Lichtenbergensis

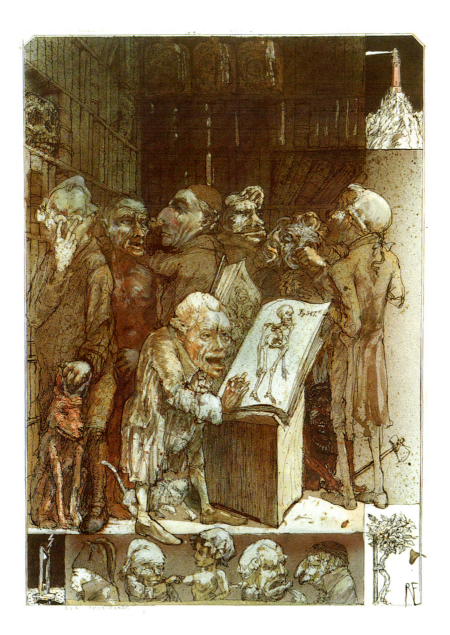

Rainer Ehrt

Der Physiognom

Horst Jansson

Immer fragen! Ist das auch wohl wirklich so?

Walter Hanel

Lichtenberg & Hogarth —
Schickt Leute aus, Charaktere zu sammeln!

Beate Reul

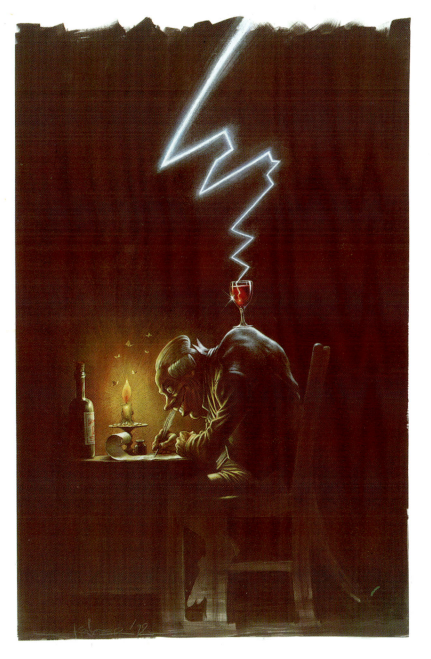

Sebastian Krüger

Geistesblitz

Impressum

Lichtenberg — Connection

Eine Ausstellung des Kulturamts der Stadt Göttingen
zum 250. Geburtstag von Georg Christoph Lichtenberg

Schirmherrschaft: Frau Prof. Dr. Rita Süßmuth

Gefördert durch die
Stiftung Niedersächsischer Volksbanken
und Raiffeisenbanken

Ausstellung, Katalog, Organisation der Wanderschaft:

WP Fahrenberg, c/o AUSSTELLUNGSBÜRO, Ritterplan 3,
3400 Göttingen

Mitarbeit: Vera Ilse, Tete Böttger, Hilmar Beck, Sabine
Demir, Tanja Kreitschmann.

Dank an: Joachim Kummer, Klaus-Peter Burckhardt,
Gerhard Schoen, Sybille Spiegel, Peter Limberg,
Robert Gernhardt, Dieter Steinmann, Herwig
Guratzsch, die Redaktionen von TITANIC,
STERN, KOWALSKI — und ganz besonders an
die beteiligten Künstler und ihre Mitarbeiter.

Cover-Graphik: Kain Karawahn, Berlin
(unter Verwendung des Scherenschnitts
von 1777)

Gesamtherstellung: Goltze Druck Göttingen

Vertrieb: ARKANA Verlag Tete Böttger Rainer Wunderlich
Göttingen

Bezug: ARKANA Postfach 1140 3400 Göttingen

ISBN 3-923257-22-8